MANUAL PRÁCTICO
DE CORRECCIÓN FONÉTICA
DEL ESPAÑOL

AQUILINO SÁNCHEZ

Doctor en Filosofía y Letras
Director de la Escuela Oficial
de Idiomas de Barcelona

J. A. MATILLA

Escuela Oficial de Idiomas
de Barcelona

MANUAL PRÁCTICO
DE CORRECCIÓN FONÉTICA
DEL ESPAÑOL

SOCIEDAD GENERAL ESPAÑOLA DE LIBRERIA, S.A.

MADRID

Primera edición, 1974
Segunda edición, 1984
Tercera edición, 1986
Cuarta edición, 1988
Quinta edición, 1992

⊗ ⊗   Los ejercicios de este libro
están grabados en 2 cassettes C-60

Produce:
    SGEL-Educación
    Marqués de Valdeiglesias, 5. 28004 MADRID

ISBN: 84-7143-022-3
Depósito Legal: M. 6.241-1992
Impreso en España - Printed in Spain

Imprime: NUEVA IMPRENTA, S. A.
Encuaderna: F. MÉNDEZ

INTRODUCCION

El libro que tiene Vd. en sus manos se propone un fin práctico: mejorar y perfeccionar la pronunciación de aquéllos que ya tienen un conocimiento básico del español. También pretende constituir una ayuda muy valiosa y un manual de referencia útil para el profesor de español.

No nos hemos propuesto ofrecer una descripción exhaustiva de los diferentes aspectos fonéticos o fonológicos que presenta la lengua española. No obstante, se estudian aquí todas las dificultades que generalmente se presentan en la lengua hablada al estudiante de español. Para lograr este fin, se han tenido en cuenta los problemas de contraste que, en relación con la pronunciación, aparecen en el español, si lo comparamos con lenguas como el inglés, el francés, el alemán y el italiano.

El problema de la *interferencia* es fundamental en la adquisición de una buena pronunciación. Los hábitos que durante años se han formado en torno a la lengua nativa son posteriormente origen de dificultades que se interfieren con la lengua extranjera que se desea aprender. Los problemas, naturalmente, surgen en torno a las diferencias, no en torno a las semejanzas. Este manual pretende ser una ayuda en la eliminación de dichas dificultades y diferencias.

Para la adquisición de una pronunciación correcta del español podemos distinguir tres fases: *identificación del sonido, producción del sonido* y *consolidación del sonido*. La identificación consiste, en definitiva, en que el oído distinga los diferentes sonidos. Para ello se requiere que el estudiante escuche repetidamente dichos sonidos y, a ser posible, los compare con los de su lengua nativa, para así lograr una mejor diferenciación donde las diferencias existan.

Conseguida esta fase, el alumno ha de producir los sonidos. La práctica es esencial. No obstante, los ejercicios prácticos han de ser graduales, empezando por el sonido aislado, pasando luego a palabras y finalmente a frases con creciente dificultad.

La fase de producción no ha de ser, sin embargo, la fase final. Los sonidos aislados, por el mero hecho de producirlos más o menos correctamente, no tienen ningún significado: la finalidad fundamental es utilizarlos en la comunicación hablada y en conversaciones normales donde esos diferentes sonidos surgen inopinadamente. Se requiere, por tanto, una consolidación de los diferentes rasgos de la pronunciación de manera tal que el alumno los produzca espontáneamente aunque su atención esté fija en el mensaje hablado *y no en los problemas de la pronunciación.* Para lograr esta tercera fase es preciso practicar en textos de conversación o comunicación normales.

El libro se ajusta a estos principios. Predomina la práctica a través de ejercicios escalonados en dificultad.

Primeramente se da una explicación corta pero clara de la articulación de cada sonido; a ella le sigue un esquema de la posición de los diferentes órganos que intervienen en su producción. Esta explicación teórica y visual será una ayuda muy valiosa no sólo para que el alumno identifique el sonido, sino para ayudarle a entender cómo y dónde ha de producirlo. Seguidamente se ofrecen diversos ejercicios prácticos. Primero el alumno los escuchará atentamente; luego los repetirá. Finalmente, textos de diferentes matices ayudarán a consolidar lo aprendido.

Los ejercicios prácticos, así como las lecturas, han sido grabados en cintas magnetofónicas; esto permitirá su utilización individual y fuera de la clase.

Esperamos así ofrecer una ayuda útil—ayuda que quizás ya se hacía necesaria—en el mejoramiento y perfeccionamiento de la pronunciación a profesores o estudiantes extranjeros de la lengua española.

PARTE I

ARTICULACION DE LOS SONIDOS

ESQUEMA FACIAL

ORGANOS QUE INTERVIENEN EN LA ARTICULACION

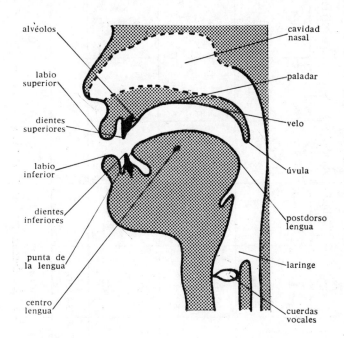

alvéolos

labio
superior

dientes
superiores

labio
inferior

dientes
inferiores

punta de
la lengua

centro
lengua

cavidad
nasal

paladar

velo

úvula

postdorso
lengua

laringe

cuerdas
vocales

CUADRO DE CONSONANTES (su articulación)

		bilabial	labiodental	dental	interdental	alveolar	palatal	velar
Oclusivas	sorda	p		t				k
	sonora	b		d				g
Fricativas	sonora	ƀ		đ		z	ŷ	g
	sorda		f		θ	s	č	x
Africadas	sonora						ŷ	
	sorda						č	
Nasales	sonora	m				n	ñ	ŋ
Laterales	sonora					l	ĩ	
Vibrantes	sonora					r | r̄		

ALFABETO FONETICO

b	(tumba)	m	(mano)
ƀ	(haba)	n	(nene)
č	(ancho)	ŋ	(cinco)
θ	(mozo)	ñ	(paño)
d	(diablo)	p	(padre)
đ	(radar)	r	(heredar)
f	(fácil)	r̄	(perro)
g	(gato)	s	(paso)
ǥ	(ruego)	z	(mismo)
k	(casa)	t	(tomo)
l	(luto)	x	(jota)
l̃	(calle)	ŷ	(cónyuge)

a	(parte)	{ o	(esposa)
{ e	(hablé)	{ ǫ	(amor)
{ ę	(perrǫ)		
{ i	(dice)	{ u	(agudo)
{ į	(en diptongos: reina)	{ ų	(deuda)
{ j	(bien)	{ w	(huevo)

TERMINOLOGIA BASICA

Al analizar cada sonido se utilizan en la explicación algunos términos técnicos. El profesor de idiomas suele estar al corriente de su significado. Para ayudar al alumno que carezca de esta facilidad e incluso al profesor que pueda tener dudas, se ofrece a continuación un breve «diccionario» de los términos utilizados.

1. Punto de articulación

El lugar en que un órgano se apoya o acerca a otro produciéndose así una oclusión o reducción de la salida del aire con la cual se obtienen los diferentes sonidos.

1.1 *Bilabiales.* Sonidos producidos al ser cerrada la salida del aire por los labios (p, m, b).

1.2 *Labiodentales.* El labio inferior toca el borde de los incisivos superiores (f).

1.3 *Interdentales.* La punta de la lengua toca el borde de los incisivos superiores (θ).

1.4 *Dentales.* La punta de la lengua toca la cara interna de los incisivos superiores (t, d, đ).

1.5 *Alveolares.* La punta de la lengua toca los alvéolos de los incisivos superiores (s, z, n, l, r).

1.6 *Palatales.* El predorso de la lengua toca el paladar (ŷ, č, ñ, ĩ).

1.7 *Velares.* El postdorso de la lengua toca el velo del paladar (k, g, g, x, ŋ).

2. Modo de articulación

Se refiere a la disposición de los órganos en cada punto de articulación.

2.1 *Oclusivas.* Los labios impiden totalmente la salida del aire (p, b, t, k, g, d). Al deshacer de manera repentina esa oclusión, el aire sale con explosión breve.

2.2 *Fricativas.* Los órganos que intervienen en la articulación no están en contacto completo, pero estrechan el canal de salida del aire, originándose así un ruido mayor o menor debido al rozamiento del aire que sale (ƀ, f, θ, z, đ, s, ǥ, x).

2.3 *Africadas.* Primeramente los órganos articulatorios impiden la salida del aire. Pero luego esta oclusión se deshace suavemente, sin brusquedad (č, ŷ).

2.4 *Nasales.* Se impide la salida del aire por la boca, y éste sale al exterior por las cavidades nasales (m, n, ñ, ŋ).

2.5 *Laterales.* La punta de la lengua toca los dientes superiores y el aire busca la salida por uno o ambos lados de la lengua (l, ̃l).

2.6 *Vibrantes.* La punta de la lengua, elástica, debido a la presión del aire, vibra una o más veces sobre un punto determinado de la boca, cerrando y abriendo, consecutivamente, la salida del aire (r, r̄).

3. Articulaciones sordas

Ocurren siempre que la articulación se produce sin vibración de las cuerdas vocales.

4. Articulaciones sonoras

Se denominan así aquellas articulaciones que se producen con vibración de las cuerdas vocales. En este caso el sonido consta de dos elementos: el sonido producido por la oclusión o fricación del aire en el punto articulatorio, más el efecto sonoro de la vibración de las cuerdas vocales (a, e, i, o, u, b, m, n, ŋ, l, r̄ ̃l, d, r, ŷ, g, z, ñ, ƀ, g, đ).

VOCALES

Las vocales fundamentales en español son:

a, e, i, o, u.

Los alófonos o variantes de e (ę) y o (ǫ) no los consideramos aparte por creer que no constituyen dificultades especiales. Las variantes de «i» y «u» las estudiamos al hablar de los diptongos, campo en el que ambas variantes son importantes.

Articulación

En la producción de las vocales el aire sale por la boca sin encontrar ningún obstáculo. Las cuerdas vocales vibran y la boca hace de «caja de resonancia». La lengua, subiendo o bajando y adelantándose o retrocediendo, origina los diferentes timbres de cada vocal.

Las vocales están situadas a la altura en que debe colocarse la lengua para pronunciar cada una de ellas.

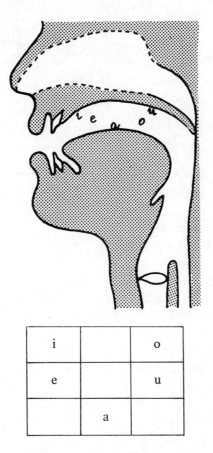

(Cada cuadrito representa el área de la boca en que se origina cada vocal.)

Nota. No se insiste en las variantes de cada vocal porque dichas variantes no influyen en el significado.

EJERCICIOS PRACTICOS (VOCALES)

mesa	semana	abanico
símbolo	tapa	famoso
policía	lápiz	fenómeno
felices	caño	femenino
magnífico	libro	enano
libro	componer	matemáticas
vino	escribir	económico
papel	copita	adorable
caro	florero	Pepito
coro	cantor	bolígrafo
mona	búfalo	banana

1. Una mesa grande.
2. Esa guapa muchacha.
3. Trabajamos ocho horas.
4. Esta mañana.
5. Aquel perro grande.
6. Una mujer bondadosa.
7. Aquella mano de plata.
8. En Barcelona hace sol.
9. Aprendemos mucho español.
10. El lápiz no escribe.
11. Estos zapatos están sucios.
12. Corríamos por el parque.
13. Estas peras maduras.
14. Come muchísimo.
15. Son alumnos de inglés.
16. Esas gafas negras.
17. Un médico matasanos.
18. Una idea brillante.
19. Nos bañamos a diario.
20. Una carta oportuna.
21. El orgullo es algo muy español.
22. El libro es completamente nuevo.
23. Aquel señor es mi hermano.

DIPTONGOS Y TRIPTONGOS

El cuadro de diptongos y triptongos es como sigue:

ie	ia	io	iu	iái	iéi
ue	ua	uo	ui	uái	uéi
ei	ai	oi			
au	ou				
eu					

En todos los casos, pues, las vocales «i» y «u» están presentes. El diptongo se da siempre que ni la una ni la otra estén acentuadas.

Cabe destacar que en el diptongo es la segunda vocal la que predomina. Tanto la «i» como la «u» actúan como «vocal de paso» entre la consonante precedente y la vocal que sigue (de ahí que a menudo sean llamadas semivocales o semiconsonantes).

EJERCICIOS PRACTICOS

DIPTONGOS

AU

Laura	Pauta	Autor
Sauna	Trauma	Aullido
Australia	Aurora	Autonomía
Fauna	Cauce	Ausencia
Mauro	Causa	Raudo
Flauta	Pausa	Audaz
Caucho	Fausto	Paula
Claustro	Automóvil	
Sauce	Aula	

OI

Hoy	Boina	Eloy
Heroico	Soy	Convoy
Oigo	Gasoil	Boycot

AI

Paisana	Amaina	Caimán
Aire	Jamaica	Fraile
Hay	Aislado	Paisaje
Gaita	Baile	
Naipe	Faisán	

EI

Reina	Afeitar	Teide
Peine	Reiterar	Reino
Eibar	Oliveira	Peinado
Veinte	Ley	
Treinta	Jersey	

EU   EHUH

Eucalipto	Eulalia	Eugenio
Eurovisión	Ceuta	Deusto
Europa	Eusebio	Deuda
Eufrates	Eucaristía	
Seudónimo	Neumático	

OU

Cou	Roura

IA

Italiano	Diabetes	Camelia
Asia	Diablo	Lluvia
Cristiano	Variado	Finlandia
Historia	Experiencia	India
Centuria	Celia	Fastidiar
Branquia	Antonia	Gracia
Lidia	Mongolia	Cofia
Olivia	Grecia	Boniato

IE

Viejo	Conveniente	Siete
Hierro	Movimiento	Miel
Tierra	Sobriedad	Nieto
Diente	Invierno	Piel
Cierto	Cielo	Pierna
Bien	Hierba	Herramienta
Siempre	Hiena	
Cualquiera	Hielo	

IO

Patricio	Idiota	Latifundio
Mercurio	Resurrección	Oficio
Vocación	Sabihondo	Racional
Imperio	Anuncio	Danubio
Demetrio	Canción	Nacional
Biología	Indio	Folio
Cambio	Piojo	Atrio
Idioma	Minifundio	Misiones
Limpio	Patio	

IU

Viuda	Diurno	Oriundo
Ciudad	Acuarium	Piura
Ciudadano	Miura	
Emporium	Triunfo	

UA

Lenguaje	Ecuador	Individual
Paraguas	Menguante	Actual
Igual	Escuálido	Conceptual
Juan	Guapa	Guacamayo
Cuatro	Guardia	Cuarentena
Cuando	Estatua	Espiritual

UE

Muerto	Cuerno	Huevo
Respuesta	Tuerca	Cigüeña
Huérfano	Huesca	Jueves
Huerto	Noruega	Pueblo
Rueda	Abuelo	Duende
Cuero	Espuela	Puerro
Viruela	Cuello	Juerga
Suelo	Buñuelo	Bueno
Hueste	Muela	Fuego
Huelga	Hueso	

UO

Antiguo	Cuota	Defectuosa
Contiguo	Exiguo	Fluctuoso
Acuoso	Fluorescente	Mutuo
Continuo	Tortuosa	
Duodeno	Asiduo	

UI

Buitre	Constituirán	Asiduidad
Pingüino	Lingüística	Luisa
Ruido	Cuidado	Gratuito
Juicio	Ruiseñor	Ruiz
Intuición	Ruinas	Circuito

TRIPTONGOS

IAI

cambiáis	distanciáis	despreciáis
variáis	desperdiciáis	

UAI

averiguáis	Uruguay	atestiguáis
Paraguay	aguáis	

	IEI ⌢	
estudi**éi**s	cop**iéi**s	limp**iéi**s

	UEI ⌢	
averig**üéi**s	atestig**üéi**s	**buey**
acent**uéi**s	santig**üéi**s	

AE

àèreo

caen

23

CONSONANTES

[p] BILABIAL OCLUSIVA SORDA

El sonido se produce permitiendo la salida del aire al abrir los labios de una manera rápida. No hay aspiración.

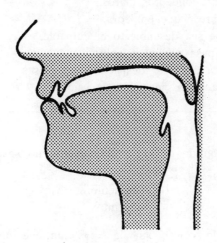

Articulación de [p]

EJERCICIOS PRACTICOS

poder	culpa	pitar
perro	arpa	pimiento
puerta	apagar	pedir
piso	parra	opuesto
paso	peina	copia
puso	pillo	impertinente
poso	Pisuerga	pensar

publicar	padre	impedir
pan	capa	esperar
Pepe	despacio	tiempo

1. Pronto se verá el torpedo que romperá la plancha del barco.
2. La epopeya es poco correcta.
3. El pimiento no se pide, se compra.
4. El eclipse fue observado desde la cápsula espacial.
5. El suscriptor publicó una copla.
6. Los reptiles no son aptos para volar.
7. Su paso apenas si es perceptible.
8. Pensar no es poder.
9. El piso que mi padre piensa comprar es moderno.
10. Pepe no tiene conceptos claros.
11. El tiempo parece que empeora.
12. Espera a que sea descubierto el culpable.
13. El Pisuerga pasa por mi pueblo.
14. El arpa se ha de tocar despacio y sin prisas.
15. La psicología es la ciencia de la psique.

Nota:

a) La «p» seguida de «t» prácticamente no se pronuncia en algunas palabras:

septiembre

séptimo

b) Delante de «c» o «s» la «p» mantiene una pronunciación clara:

eclipse

cápsula

acepción

c) La «p» inicial, en palabras de origen griego como

psicología

psique y similares

no suele pronunciarse y tiende incluso a no escribirse.

---

[b] BILABIAL OCLUSIVA SONORA

Para pronunciarla los labios están completamente cerrados; la lengua toma la posición de la articulación que va a seguir.

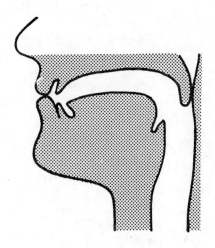

Articulación de [b]

Este sonido equivale a las letras «v» o «b» siempre que ocurren al principio de palabra o después de *n, ñ, m.* (Note bien que no hay diferencia entre «v» y «b» en lo que a la pronunciación se refiere. No obstante, en el lenguaje escrito se considera falta de ortografía el intercambiar la una por la otra.)

¡Ven!	buenas tardes	brazo
baño	viña	bruto
valiente	vino	broca
volver	burro	brillar
bárbaro	buscar	embellecer
Vicente	vente	samba
blusa	bomba	hombre
blanco	bailamos	envío
blasón	blindar	cambiar
blando	bloqueo	ambos
broma	brote	invitar
emborrachar	embalar	ombligo
envejecer	envolver	envite

[ƀ] BILABIAL FRICATIVA SONORA

Nótese que la diferencia respecto a [b] reside precisamente en que aquélla no es fricativa. Para pronunciarla los labios permanecen ligeramente entreabiertos para dejar pasar el aire. Dicho sonido viene dado por toda «v» o «b» que no esté en posición inicial ni siga a una nasal.

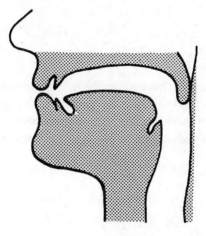

Articulación de [ƀ]

EJERCICIOS PRACTICOS [ƀ]

volver	libertad	caballo
lavamos	salvaje	coba
lobo	habano	polvo
nuevo	sábana	calvo
pagaba	alba	árbol
huevo	navegar	deber
Eva	tubo	devolver
cava	estuviste	escoba
aves	obispo	haba
televisión	David	

[b] y [ƀ] En el discurso normal de la frase las palabras no están delimitadas de la misma manera que en la escritura. Por tanto, sonidos iniciales son solamente aquellos que empiezan la frase o aquellos que inician de nuevo la cadena hablada tras una interrupción. Así ocurre que una «b» quizás es inicial en una palabra; pero no lo será en una frase si dicha palabra ocurre en medio de la misma.

Así, por ejemplo:

$$vaca \quad (v = [b])$$
$$la \ vaca \quad (v = [ƀ])$$

Mientras para un nativo este proceso se da automáticamente, el estudiante de español proveniente de lenguas como el inglés, donde dichos sonidos no ocurren en las mismas circunstancias, habrá de poner particular atención para adaptarse a estas características del español.

EJERCICIOS PRACTICOS [b] y [ƀ]

1. El obispo de Oviedo no vendrá hoy.
2. ¡Con qué garbo bailaba la novia!
3. Nunca pagaba el vino que compraba.
4. Vivo sin vivir en mí.
5. Las aves saludaban la alborada.
6. Un beso atrae otro beso.
7. Los bandidos no volvieron.
8. No tenía nada que llevar a la boca.
9. ¿Te lavas la cabeza como es debido?
10. Buero Vallejo es un buen escritor.
11. El saber escribir contribuye a vuestro bienestar.
12. Isabel dibujaba, Natividad pintaba, Nieves se bañaba y Eusebia lavaba los vestidos.
13. En la villa vecina Valeriano jugaba al billar.

14. El futbolista tenía los bíceps muy abultados.
15. Victoriano llevaba varias llaves en el llavero.
16. Estuvimos buscándote y tuvimos que volvernos sin verte.
17. Los bravos vascuences atacaban con arcabuces y trabucos.
18. Subdividir es un vocablo verbal.
19. El hombre es bímano y bípedo.
20. Viceversa significa «lo mismo vuelto al revés».
21. Bisílaba, trisílaba y polisílaba son vocablos esdrújulos.
22. Los efectos curativos de algunas hierbas son a veces maravillosos.

Contraste [p] — [b] iniciales

EJERCICIOS

paño	—	baño	paso	—	vaso
pino	—	vino	patín	—	batín
pata	—	bata	pavero	—	babero
peso	—	beso	pazo	—	bazo
paja	—	baja	pelo	—	velo
pago	—	vago	piso	—	viso
pala	—	bala	piña	—	viña
palidez	—	validez	pista	—	vista
pan	—	van	pela	—	vela
panda	—	banda	polar	—	volar
pasar	—	basar			

[t] DENTAL OCLUSIVA SORDA

Durante la articulación de la [t] la lengua se apoya contra la cara interna de los incisivos superiores, cerrando así el paso del aire; luego el aire se deja salir bruscamente.

La [t] *española no es aspirada.*

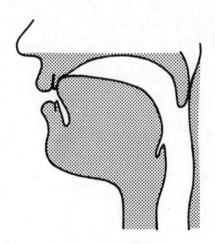

Articulación de [t]

EJERCICIOS PRACTICOS

tela	tuteo	patio
tejas	paquete	tinta
tecla	poquito	tinto
topo	letrado	Agata
tapa	tristeza	ataviar
tipo	pintar	Ataúlfo
total	corteza	Atocha
quitar	cortar	íntimo
tope	Catania	alto

1. Tápanos con esa capa de tela.
2. Estará triste hasta que vengas.
3. ¡Cómo va ataviado ese tipo!
4. El tuteo es más fácil tras la bebida de dos vasos de tinto.
5. Es un letrado con dotes oratorias.
6. Ataúlfo no pudo ir a ultramar.
7. ¿Has visto a un topo atravesar el Atlántico?
8. Paquito vive en una utopía perpetua.
9. Agata tiene buen tipo.
10. La corteza del árbol es dura y difícil de cortar.
11. Este patio tiene un carácter de intimidad.
12. ¡No sigues el ritmo al tocar las teclas!
13. ¿Acatas la totalidad de las leyes?
14. Si te cae una teja, ¿te quejas?
15. Todas las pinturas son corruptibles.

[d] DENTAL OCLUSIVA SONORA

Para pronunciarla, las mandíbulas están un poco entreabiertas. La punta de la lengua se apoya contra la parte inferior de los incisivos superiores, impidiendo la salida del aire. Los lados de la lengua se apoyan también a ambos lados de la boca, cerrando así la salida lateral del aire. Este sonido tiene lugar cuando la «d» ocurre a principio de palabra o de la cadena hablada, o si está precedida de «n» o de «l».

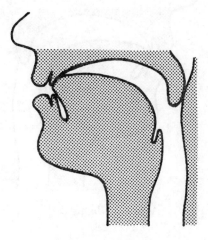

Articulación de [d]

EJERCICIOS PRACTICOS

diablo	duelo	dólar
doblar	dar	dato
doblón	Daniel	dulce
dócil	documento	duque
decorado	domingo	decir
donar	dirigir	dibujo
duro	doctor	dolor

35

[đ] DENTAL FRICATIVA SONORA

Para su pronunciación la punta de la lengua toca suavemente los bordes de los incisivos superiores, sin cerrar por completo la salida del aire. La lengua toca los dientes rápidamente y con agilidad; el contacto es breve y la fricación suave. Ocurre en aquellos casos en que la «d» no es [d].

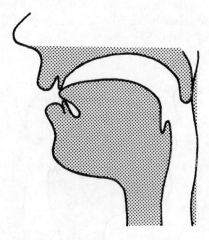

Articulación de [đ]

EJERCICIOS PRACTICOS

todo	nada	hada
puedo	quedar	helado
nido	contado	nadar
pedir	pensado	hado
escudo	moda	moneda
llamado	crudo	desnudo
dado	dedo	batido
picado	pedidas	comidas
miedo	codo	cada
poder	medir	caducar

[d] y [đ] Presentan los mismos problemas que [g] y [ǥ] y que [b] y [b̄], según ocurran al inicio de la cadena hablada o no.

EJERCICIOS PRACTICOS [d] y [đ]

1. Vengo de parte de Daniel.
2. Mañana me lo darás todo.
3. Cada día aumenta el coste de vida.
4. Suele dolerme la cadera a diario.
5. Todos tienen su Dulcinea.
6. Un duque y un dique son cosas muy diferentes.
7. Dudar no es pecado.
8. Los médicos no deben olvidar la gravedad de las heridas.
9. Todo esto es dudoso.
10. Mide y luego dime.
11. Todo lo que me diste no valía nada.
12. El juego de los dados no es recomendable.
13. La moda anda rezagada cada temporada.
14. Dudo que los pedidos hayan llegado.
15. El pago al contado evita las deudas.
16. Las hadas y príncipes encantados vuelven a la actualidad.
17. El domingo no se dan documentos.
18. El dormitorio está muy bien decorado.
19. Los diablos y los duelos pertenecen a siglos pasados.
20. Daniel no me dio los datos que le pedí.

Contraste [t] — [d]

teja	— deja	torso	— dorso
tomar	— domar	tos	— dos
tardo	— dardo	tragón	— dragón
tate	— date	taba	— daba
tejado	— dejado	tenso	— denso
tía	— día	teme	— déme
ton	— don	té	— dé

[k] VELAR OCLUSIVA SORDA

Para su pronunciación el postdorso de la lengua se eleva contra el velo del paladar cerrando la salida del aire. La punta de la lengua queda más baja que los incisivos inferiores y la explosión producida al soltar el aire es más leve que para la «p» o la «t».

No se produce ninguna aspiración.

El sonido [k] viene representado por la letra «k», por la «c» cuando ésta va seguida de a, o, u, y por la secuencia «qui», «que».

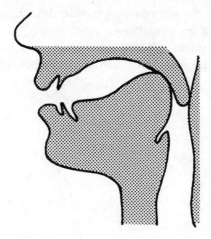

Articulación de [k]

EJERCICIOS PRACTICOS [k]

Kilo	caso	pico
Paco	confuso	coche
mentecato	cazar	copa
cosa	contra	cana
quiso	capa	queso

consolidar	pecar	comprar
cerco	casa	confite
cofre	coma	causa
comprar	**querer**	acicalar

1. La cibernética es una ciencia útil para los computadores.
2. Este mentecato ya no tiene ni canas.
3. Ese coche no tiene capó.
4. Cazar está prohibido fuera de la cerca.
5. Querer no es poder.
6. El queso pesa dos kilos.
7. Que yo me case es un caso raro.
8. Compraremos la casa como tú quieras.
9. El acaso es la peor de las previsiones.
10. Si te quedas o no te quedas es una cuestión que hay que decidir.
11. Lo haremos como quieras.
12. Las concordancias no son comunes a todas las lenguas.
13. Quiero que te quedes conmigo en casa.
14. Cuando cojas la carne, procura quitarle la carcoma.
15. Come el cocido que con tanto cariño cocinamos.

[g] CONSONANTE VELAR OCLUSIVA SONORA

Para su pronunciación el postdorso de la lengua está elevado contra el velo del paladar. La punta de la lengua queda más baja que los incisivos inferiores. La expulsión del aire es instantánea y algo más leve que en la pronunciación de la [p] o la [t]. Este sonido se da al principio de palabra o cuando la «g» ocurre después de m, n, ñ.

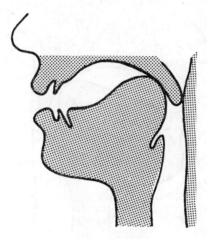

Articulación de [g]

EJERCICIOS PRACTICOS

gama	gastar	gamo
gula	gloria	gorila
gaceta	gusto	golpe
galopar	gorra	gordo
guapo	garbo	góndola
gato	guinda	Guevara
Gómez	gótico	ganar
gallardo	grave	gracias
angustia	angosto	zángano
Angulema	anguila	rezongar

[g] VELAR FRICATIVA SONORA

La articulación de este sonido es semejante al de [g]. La diferencia estriba en que para pronunciar [g] el contacto entre el velo del paladar y la lengua no es completo. Este sonido se da siempre que la «g» no sea inicial de palabra ni siga a la m, n o ñ.

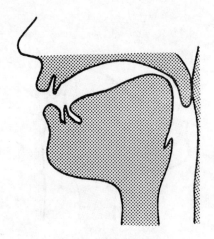

Articulación de [g]

EJERCICIOS PRACTICOS

amigo	agobiar	agua
mago	sígame	pegar
bigote	seguir	catálogo
contigo	haga	aguardiente
higo	Burgos	burguesía
pego	pago	lago
miga	hígado	Hugo
código	Agata	toga

1. Hagas lo que hagas el gato no se despertará.
2. No me gustan los gatos gordos.
3. Corren como gamos en desbandada.
4. Un gorila, dos gorilas, tres gorilas.
5. Gota a gota se llena la bota.
6. Contigo o sin ti, guapo o feo, no me importa.
7. Te lo pagaré todo si ganas el juego.
8. Seguiremos hablando sobre lingüística.
9. Los gallegos suelen ser de trato agradable.
10. Recibió un castigo bien ganado.
11. El gorrión y la gorra, son los símbolos del campo.
12. Las ganancias del gobierno aportaron pocos goces.
13. Los señores Gómez tienen un gato muy delgado.
14. Supongo que con la gaita no es posible bailar el tango.
15. Es de suponer que gasta más de lo que gana.
16. Están agotados todos los lingotes.
17. Conquistar el Congo no es una ganga.
18. Toda grasa engorda.
19. No le gustan los gritos ni las angustias.
20. La glotonería no conduce a la glorificación.

Al igual que en el caso de [b] y [b̶], [g] ocurre siempre que el sonido sea inicial en la palabra o en la cadena hablada; [g̶], por el
contrario, se da siempre que no ocurra al principio de la palabra o
de la cadena hablada.

Así, en

«gato»:   g=[g]

Pero

«el gato»:   g=[g̶].

Contraste [k] — [g]

cata	—	gata	casto	—	gasto
cota	—	gota	cacha	—	gacha
casa	—	gasa	cuero	—	güero
cama	—	gama	craso	—	graso
cavia	—	gavia	codo	—	godo
quiso	—	guiso	cola	—	gola
cana	—	gana	callo	—	gallo
calco	—	galgo	coleta	—	goleta
corra	—	gorra	cordón	—	gordón
coma	—	goma	col	—	gol

[f]   LABIODENTAL FRICATIVA SORDA

Para su articulación el labio inferior toca el borde de los incisivos superiores, dejando salir el aire por entre ambos órganos.

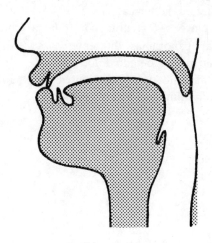

Articulación de [f]

EJERCICIOS PRACTICOS

fácil	difícil	ortografía
fofo	difamar	confuso
fraude	aflojar	enfermo
fino	afable	favor
fuego	desfile	definición
forma	huérfano	enfoque
físico	esfinge	aflorar
final	afinar	flor
foco	infame	florecer
flojo	desafuero	cofradía

1. Parecía un desfile de huérfanos.
2. La ortografía es difícil definirla.
3. Su físico es muy flojo.
4. Cometió un desafuero difamándole.
5. Por favor, deje que la flor florezca.
6. La cofradía estaba formada por enfermos.
7. Afirma con facilidad que ésta es la final.
8. El enfoque que has dado al tema es confuso.
9. Es una fina esfinge.
10. Finalmente encontramos la flauta y al flautero.
11. El fuego desfigura la forma.
12. El foco infeccioso se extendió por toda la fábrica.
13. Prefirió filmar panoramas diferentes.
14. Esta faringitis me ha dejado fofo.
15. Fonema es cada uno de los diferentes sonidos de una lengua.
16. Clorofila es sinónimo de fotosíntesis.

[θ] LABIODENTAL FRICATIVA SORDA

Corresponde a la «z» y a la «c» cuando está seguida de i/e. Para su pronunciación las mandíbulas están ligeramente abiertas. La lengua se coloca entre los bordes de los incisivos apoyándose sobre los superiores, pero sin cerrar completamente la salida del aire. Los lados de la lengua tocan el interior de los molares superiores impidiendo así la salida del aire por esa parte.

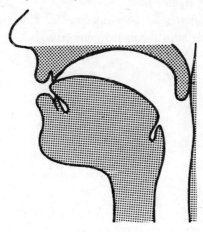

Articulación de [θ]

EJERCICIOS PRACTICOS

zapato	nación	zorro
zumo	codicia	cemento
cenicero	mozo	voz
nuez	cazar	necio
nacer	convicción	Sánchez
quince	cien	apetecer
celebrar	zapador	Ibiza
negocio	dulce	dulzura
López	zafio	zurrón
alzar	acicate	hacienda

1. ¡Gozoso hallazgo de azucenas!
2. El cielo en diciembre suele ser muy azul.
3. Nació al pie de la cruz.
4. Cruzó la calzada temerariamente.
5. Quizá pueda salir a cazar.
6. Cualquier celebración en esta zona es perjudicial.
7. Mi intuición me dice que no es cierto.
8. Un corazón cerrado no es un corazón gozoso.
9. ¡Qué mozo tan zafio!
10. Los zapadores del ejército celebran la victoria.
11. Producir cemento es un negocio muy productivo.
12. De cada cien personas sólo cinco son necios.
13. Los dulces son apetecibles.
14. En algunas naciones se consume mucho zumo de fruta.
15. En este cine no se utilizan los ceniceros.

[s] ALVEOLAR FRICATIVA SORDA

Para su pronunciación las mandíbulas están ligeramente entreabiertas. Los bordes de la lengua están apoyados a ambos lados contra las encías y la cara inferior de los molares superiores. La punta de la lengua registra una pequeña curva en el dorso y toca los alvéolos de los incisivos superiores. La abertura un poco redondeada en la parte central de la lengua facilita la salida del aire.

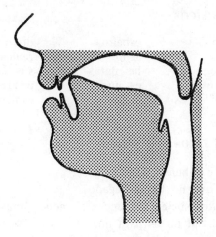

Articulación de [s]

EJERCICIOS PRACTICOS

casa	hasta	mesa
saber	dudoso	satélite
salto	cuestión	vaso
huésped	salir	misa
buscar	sábado	salto
división	pasmado	seguir
pasión	profesor	física
masa	consonante	sábelo

49

[z] SONORA

La letra correspondiente es también la «s». El sonido sonoro se da cuando la «s» ocurre en posición final (excepto en algunas ocasiones en que se hace fuerte) o siempre que va precediendo otra consonante sonora.

La articulación es similar, variando solamente la sonoridad.

EJERCICIOS PRACTICOS

mismo	esbelto	dos
hechos	asno	reales
es bueno	las natas	sus labios
es otro	es uno	desde
desdén	asma	esmero

EJERCICIOS PRACTICOS [s] y [z]

1. Sus besos me saben a miel.
2. ¿Es posible que no hayas llegado?
3. Los estudiantes suelen suspender al menos una vez.
4. Esta especialidad no es para mí.
5. El sábado saldremos juntos.
6. ¿Quieres que te lo diga o ya lo sabes?
7. La pasión le arrastró a esos abismos.
8. No salíamos de nuestro asombro.
9. Sus conocimientos son sólo casuales.
10. La ciencia ficción quizá sea realidad un día.
11. En siglos pasados se usaban reales.
12. Tiene miles de pesetas escondidas en su casa.
13. A los niños les gustan las natillas dulces.
14. *El desdén por el desdén* es una obra de teatro.
15. Carlos es un muchacho muy esbelto.

Contraste [s] — [θ] («s»/«z», «ci», «ce»)

paso	—	pazo	sima	—	cima
poso	—	pozo	as	—	haz
caso	—	cazo	asar	—	azar
casa	—	caza	sueco	—	zueco
masa	—	maza	samba	—	zamba
rasa	—	raza	suela	—	zuela
asada	—	azada	corso	—	corzo
casada	—	cazada	seno	—	ceno
cosido	—	cocido			

[ŷ]   PALATAL AFRICADA SONORA

Durante la pronunciación de este sonido la zona de contacto lengua-paladar es más amplia que para la [č]. La separación produce una fricación suave.

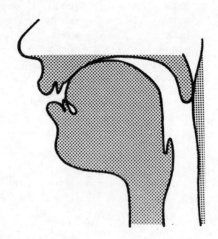

Articulación de [ŷ] *palatal*

EJERCICIOS PRACTICOS

yo	ya	yunque
yugo	inyección	yate
yeso	yegua	yugular
yelmo	yerro	yerba
cónyuge	conyugal	yacer
yema	yerma	yedra
yanqui	yogurt	Yugoslavia
yerno	cayado	

1. Ya viene el yerno a ver a su suegro.
2. Una yegua con yelmo es inimaginable.
3. Había un yate atrapado en el hielo.
4. El yunque está hecho de hierro.
5. La vida conyugal no agradaba a ningún cónyuge.
6. En España hay varios yacimientos de hierro.
7. Es un yugo muy pesado para los bueyes.
8. Los peruanos añadían yema de huevo a sus construcciones.
9. Los yanquis suelen ser buenos cónyuges.
10. Subió al yate provisto de un yelmo.
11. Yacía en el lecho conyugal.
12. *Yerma* fue representada en Yugoslavia.
13. La yegua pisó en el hielo y se cayó.
14. Rompió el yeso con su cayado.
15. Ya traen yogurt.

Nótese que la sílaba «hi-» seguida de e/a, equivale a [ŷ] palatal.

Igualmente ha de notarse que algunas personas pronuncian una «y» fricativa. En tales casos la lengua toma la misma posición que para [č], pero quedando una abertura alargada en el centro, por donde sale el aire, produciendo una fricación que raya con la oclusión.

[č] PALATAL AFRICADA SORDA

Corresponde a la letra «ch». Para la producción de este sonido las mandíbulas están ligeramente separadas. La lengua está elevada y toca a cada lado de la boca una zona bastante ancha del paladar. El aire sale primero por un leve escape, produciendo una rápida fricación que acaba en oclusión rota o interrumpida. Los bordes de la lengua tocan el paladar en un espacio más largo que la punta de la misma.

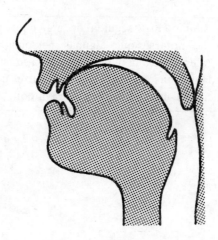

Articulación de [č]

EJERCICIOS PRACTICOS

ancho	coche	chófer
cuchara	chato	cachorro
chico	chulo	cachalote
percha	cacho	muchacho
chocolate	chaqueta	helecho

cheque	chocar	China
chimenea	chufa	chillar
cholo	chalado	chupar
chaflán	charco	horchata

1. No debes rechazar a un muchacho como éste.
2. El chocolate es para chicos.
3. En China no se utilizan cheques.
4. La horchata se hace de la chufa.
5. El chaflán de la calle 34 no es suficientemente ancho.
6. Su chófer es más chato.
7. ¡Qué coche más chulo!
8. Se manchó la chaqueta en la chimenea.
9. Se trata de un muchacho muy chato.
10. Es un chico chalado.
11. Llegó a China y empezó el chequeo.
12. La chimenea echa mucho humo.
13. La chaqueta es extremadamente ancha.
14. Aquí se bebe horchata de chufa.
15. No es buen chófer: no evitó el charco.

[m] BILABIAL NASAL SONORA

Para su pronunciación el velo del paladar está abierto, permitiendo así que el aire salga por las fosas nasales. Los labios están cerrados.

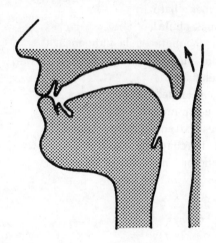

Articulación de [m]

EJERCICIOS PRACTICOS

madre	amar	acostumbrar
mozo	amonestar	tiempo
mueca	inmiscuir	hombre
morder	emérito	empezar
movido	amanerado	comienzo
mover	pimiento	sombra
mirar	pavimentar	siempre
moqueta	amarillo	emperador

1. Es maravilloso contemplar el mar.
2. Siempre admiró a los emperadores.
3. La sombra del árbol caía sobre el pavimento.
4. Es un muchacho amanerado.
5. Nos gusta la moqueta amarilla.
6. El comandante transmitió un ultimátum al enemigo.
7. Aquí no se permite hacer muecas.
8. He comenzado a llenar el álbum.
9. Los mozos alabaron a las mozas y a sus madres.
10. Perro que ladra, no muerde.
11. Los fantasmas son creaciones del pensamiento.
12. Su mente empieza a disminuir.
13. Acabaremos acostumbrándonos a sus manías.
14. Es un hombre omnipotente, aunque amargado.
15. María no me dio ni los buenos días.

[n]   ALVEOLAR NASAL SONORA

La punta de la lengua se apoya en los alvéolos o encías de la mandíbula superior cerrando la salida del aire por la boca. El aire sale por las fosas nasales.

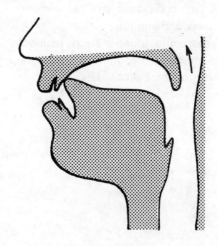

Articulación de [n]

EJERCICIOS PRACTICOS

niño	nivel	novillo
navegar	noble	noveno
notorio	Nodo	nervio
notar	noche	nieve
navaja	nombrar	Juan
Nilo	normal	nomenclatura
nuevo	nórdico	Norte
nene	canto	nota
nimbo	ancho	razón
canoso	dentro	corazón
negar	marginal	con

1. Iría al campo con mucho gusto.
2. Nota que no nombro los afluentes.
3. ¡Entra en razón, hombre!
4. Es la novena vez que nieva en un mes.
5. Los nervios del niño son delicados.
6. Es un corazón noble.
7. Ven conmigo inmediatamente.
8. Su constipado se ha transformado en gripe.
9. ¿No notas nada en el nodo?
10. La instrucción recibida en este centro es mínima.
11. ¿Cuántos álbumes tiene el nene?
12. Es inconcebible que no haya venido.
13. Permaneció inmóvil toda la noche.
14. Ninguno de los novillos entró dentro.
15. La conspiración no tenía nombre.

Nota:

a) La *m* final de palabra se pronuncia generalmente *n* (álbum, máximum...).

b) En la secuencia *nm* la articulación de la *n* va cubierta generalmente por la *m,* siendo el sonido de la *m* el que realmente se percibe:

inmóvil	con mucho gusto
conmigo	inmaculado
inmanente	inmersión
inmediato	inmortal

[ñ]   PALATAL NASAL SONORA

En la producción de este sonido las mandíbulas están ligeramente entreabiertas y la punta de la lengua toca los incisivos inferiores. El dorso está fuertemente adherido al paladar y se extiende hacia atrás. La boca permanece cerrada. El aire sale por las fosas nasales.

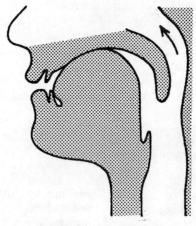

Articulación de [ñ]

EJERCICIOS PRACTICOS

señor	pequeño	año
añadir	riñón	cuñado
caño	añoso	uña
paño	roñoso	viñedo
viña	madroño	maño
mañoso	leño	niño
niñeras	moño	aliño
cáñamo	rebaño	ñoño

1. Era un leño ya muy añoso.
2. No tienes por qué decir que este señor es más pequeño que tu cuñado.
3. Los maños son bastante mañosos.
4. La señora busca niñera.
5. Es un niño ñoño.
6. La niña tiene moños muy bonitos.
7. ¡Arréglate con aliño, niña!
8. A los rebaños no se les permite entrar en los viñedos.
9. Fue un mal año para el viñedo.
10. Añadieron más ovejas al rebaño.
11. Los madroños no crecen en los cañaverales.
12. Aquel señor es roñoso.
13. El año pasado tuve dos niñeras para un niño.

Contraste [n] — [ñ]

pena	—	peña	cuna	—	cuña
mono	—	moño	pina	—	piña
mano	—	maño	canon	—	cañón
sueno	—	sueño	cano	—	caño
campana	—	campaña	cana	—	caña

[x] VELAR FRICATIVA SORDA

Para su pronunciación el postdorso de la lengua se eleva contra el velo del paladar sin interrumpir completamente la salida del aire. La punta de la lengua queda a nivel de los incisivos inferiores. La articulación en sí es un poco más baja que para la [g] o la [k]. (No se ha de confundir este sonido con el del alemán en «ich», por ejemplo.)

Se da este sonido siempre que ocurre una «j». La «g» recibe el mismo valor siempre que va seguida de e/i.

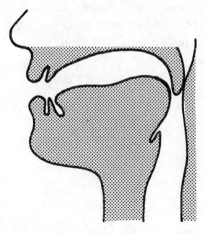

Articulación de [x]

EJERCICIOS PRACTICOS

caja	mujer	jinete
hijo	general	jefe
jota	coger	generoso
juego	lejos	agencia
cojo	jugar	mejor
Jarama	gemir	gitano

63

juez	junta	geología
jota	gente	Juan
Tajo	jabón	jamón

1. El gerente no es buen jefe.
2. No hay suficientes ginecólogos para las mujeres.
3. El juez es justo.
4. General tan generoso jamás lo vi.
5. Las ideas de este joven son geniales.
6. La jirafa y la Giralda tienen algo de semejante.
7. Es cojo, pero hijo de una mujer guapa.
8. Todos los jinetes eran cojos.
9. Los hijos de los gitanos bailan la jota.
10. El juez se mostró generoso en el juicio.
11. Los juegos con juguetes de guerra no son aconsejables.
12. Esos jornaleros jóvenes son judíos.
13. En la junta había también sargentos.
14. Los jornales no justificaban el trabajo
15. Es gente jovial.

[l] ALVEOLAR FRICATIVA LATERAL SONORA

La punta de la lengua se apoya contra los alvéolos o encías superiores, como en la pronunciación de la *n*. El aire sale por una abertura alargada que queda a cada lado de la lengua a la vez que produce un roce o fricación suave.

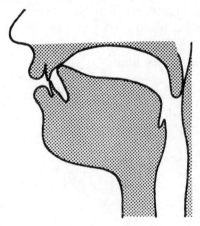

Articulación de [l]

EJERCICIOS PRACTICOS

lado	clavo	alzar
loco	colgar	altanero
lobo	plano	clase
luna	plantar	clasificación
libro	planificar	molino
lino	doble	feliz
loma	chacal	articulación
lago	selva	canal
ladera	olvido	paternal
ladrillo	oliva	arreglar
calor	vulgo	fiel
cola	alto	naval

1. La planificación del ocio es difícil.
2. No cuelguen la lana en los ladrillos.
3. Es un carácter altivo, pero paternal.
4. Se vieron algunos chacales en las planicies.
5. Si eres fiel serás feliz.
6. Plantó los árboles en la ladera del monte.
7. ¿Le duele algo?
8. El canal desemboca en el molino.
9. La luna llena se reflejaba en el agua clara.
10. Hay lagos en lo alto de las montañas.
11. Los locos suelen molestar.
12. Alzó la copa y brindó por el público.
13. La inclinación del plano es del 12 por 100.
14. El canal de Isabel II es muy caudaloso.
15. A Carlos le gustan los libros.

[l̃] PALATAL LATERAL SONORA

Para pronunciar el sonido representado por la letra «ll» la punta de la lengua toca la punta de los incisivos inferiores. El dorso de la lengua toma la misma posición que para «ñ» o «ŷ» (palatal) y existe amplio contacto con el paladar. El aire sale por dos pequeñas aberturas laterales a ambos lados de la boca, a la altura de los últimos molares.

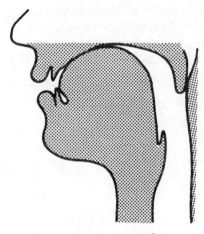

Articulación de [l̃]

EJERCICIOS PRACTICOS

llamar	llorar	llanto
llover	llave	calle
sello	milla	collar
valle	maravillosa	bello
belleza	castellano	cebolla
centollo	hallar	hallazgo

caballo	pollo	estrella
llavero	gallina	gallardo
llama	silla	Sevilla

1. Cállate y no llores más.
2. Nunca vi llamas tan maravillosas.
3. Pon la llave en el llavero.
4. El llanto no es común en Castilla.
5. Las gallinas suelen comer semillas.
6. Los centollos son comunes en los mares españoles.
7. Este collar es muy bello.
8. Aquella muchacha lleva un collar muy bello.
9. Los caballos resisten muchas millas galopando.
10. Era la belleza del valle.
11. Llovía en la calle y no tenía llaves para entrar.
12. Sevilla lleva el sello de lo maravilloso.
13. Su llanto llegaba hasta las estrellas.
14. Las llamas habían hollado el templo.
15. Los caballitos retozaban en la llanura.

Nota. Los sonidos de la «l» en: *co*lcha, *sa*lchicha, *e*l chico, *e*l *yerno*, etc., son similares al de [ĺ].

Contraste [l] — [ĺ]

caló	— calló	colar	— collar
enroló	— enrolló	Alá	— allá
ola	— olla	legar	— llegar
calar	— callar	lana	— llana
bala	— valla	velo	— vello
cuelo	— cuello	calé	— callé
polo	— pollo	lama	— llama
bolo	— bollo	loro	— lloro

Contraste [ŷ] — [ĺ]

poyo	— pollo	haya	— halla
cayó	— calló	cayo	— callo
vaya	— valla	maya	— malla
royo	— rollo	rayar	— rallar
hoyo	— hollo		

[r] ALVEOLAR VIBRANTE SIMPLE

Durante la pronunciación de este sonido los bordes laterales de la lengua se apoyan contra la cara inferior y las encías de los molares superiores, cerrando la salida del aire por ambos lados. La punta de la lengua, un tanto adelgazada, se eleva con rapidez y forma una fugaz oclusión, tras la cual vuelve a su posición normal o hacia la posición de la articulación siguiente.

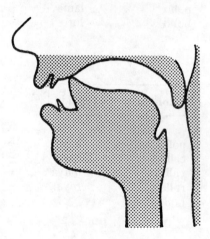

Articulación de [r]

EJERCICIOS PRACTICOS

coro	cerezo	fresco
cero	para	flores
olores	cantar	amar
llorar	querer	amores
burla	curar	panadero
loro	desesperado	seguro
parecer	cara	Teodoro

moreno	caro	sabiduría
lira	Teresa	marina
poro	parar	vara
variar	arar	ornamento
era	ira	torero

1. Te miré, me miraste y nos enamoramos.
2. La cara y la nariz son dos órganos del hombre.
3. María no quería mirarte a la cara.
4. Su pureza le impedía enfrentarse con la vida.
5. Los curas y los frailes son dos instituciones ibéricas.
6. Mató al toro de dos tiros.
7. Carecían hasta de un faro para el puerto.
8. El ser torero es una tarea muy dura.
9. Un corazón tierno no significa un corazón apocado.
10. María Teresa quiere cantar.
11. No paró de llorar en toda la tarde.
12. Obras son amores y no buenas razones.
13. El fresco del amanecer acariciaba a las flores.
14. Los marinos están morenos.
15. Era una era de iras y odios.

[r̄] ALVEOLAR VIBRANTE MULTIPLE

La posición de los órganos articulatorios es igual que para la «r» simple, con la excepción de que para la «r» múltiple la lengua se retira un poco más hacia atrás, recogiéndose. En cuanto toca los alvéolos es empujada hacia adelante por la presión del aire; luego vuelve rápidamente hacia el punto de contacto inicial y de nuevo el aire la desplaza. Este ciclo se repite, por regla general, unas tres veces. Si se pretende acentuar este sonido, entonces el número de vibraciones aumenta proporcionalmente.

La «r» múltiple se produce siempre que la letra «r» ocurre al principio de palabra, después de «l» y «n» y cuando, en situación intermedia, se escribe con dos erres.

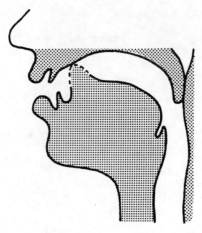

Articulación de [r̄]

EJERCICIOS PRACTICOS

roca	cerrar	respuesta
tierra	terreno	rueda
torre	Rafael	rumor
rojo	romper	parra
Enrique	corredor	hierro
perro	ribera	recordar
roto	terrible	ferrocarril
torrero	zorro	ropa
revista	reyes	Roberto
barro	razón	reparar
rubia	terrestre	rival
río	remedio	radiante

1. Un carro de ruedas de hierro deteriora las carreteras.
2. El ferrocarril es tan rápido como el coche.
3. No hay remedio contra las riadas de los ríos.
4. Existen rumores de que llegará una representación.
5. Me gustan esas ropas rojas.
6. ¿Recuerdas aquellos horribles relojes de pared?
7. Habla un ruso horrible.
8. Rosita recibió un ramo de rosas.
9. Erre con erre cigarro.
10. Erre con erre barril.
11. Rápidos corren los carros.
12. Por la línea del ferrocarril.
13. Corren rumores de que cerrarán la carretera.
14. Se reparan radios y relojes.
15. Construyó una torre sobre la roca.

Contraste [r] — [r̄]

cura	— curra	cero	— cerro
caro	— carro	encerar	— encerrar
pera	— perra	para	— parra
moro	— morro	foro	— forro
amara	— amarra	pero	— perro
coro	— corro	hiero	— hierro
coral	— corral	taro	— tarro

PROBLEMAS VARIOS

La letra «x» [ks]

Según la regla más generalizada en castellano la letra «x» tiene como equivalente el sonido «ks». No obstante, en la pronunciación de cada día el nivel cultural de la persona así como las circunstancias sociales que definen el contexto, son los principales factores que determinan la pronunciación antes indicada o bien una simplificación, pronunciando en tal caso una sencilla «s».

De igual modo, las consonantes que preceden o siguen ejercen una influencia importante en una u otra pronunciación.

EJERCICIOS PRACTICOS

exacto	excepción	exclamar
extremo	excelente	extenso
explicar	existencia	exótico
excomunión	auxilio	auxiliar
exhortación	exhibición	reflexivo
examen	próximo	exclusivo
explosión	exageración	existe
exportar	extranjero	boxeador
boxeo	hexagonal	contexto

1. Las exhibiciones son de una existencia precaria.
2. El Extremo Oriente no es una excepción.
3. El boxeo no es un juego exótico.
4. Y exclamó: «Eso es exactamente lo que estoy explicando».
5. Se exportan productos extra.
6. Ambos son expertos en auxilio en carretera.
7. Explícale lo que es un examen extraordinario.

8. Los éxtasis son frecuentes entre los santos.
9. Excluyeron al exsecretario de la expedición que había de explorar el Himalaya.
10. Tus extravagancias provocaron la expatriación de mi familia.
11. En los extramuros de la urbe se explota la mendicidad.
12. La expendedora de tabaco es extravagante y excéntrica.
13. En el taxi de Sixto iban todos los exclaustrados.
14. Vino ex profeso para que la extrajeran una muela.
15. Los trajes exóticos tuvieron éxito en la verbena de ayer.
16. Algunos extranjeros se expresan bien en español.

La secuencia «cc»

Esta secuencia presenta unas características semejantes a las de la letra «x». Generalmente equivale a los sonidos [kθ].

No obstante, en el habla corriente muy a menudo se simplifica en sólo [θ].

EJERCICIOS PRACTICOS

dirección	reacción	facción
selección	convicción	corrección
acción	lección	resurrección
instrucción	traducción	coacción
fracción	introducción	inspección

Las secuencias

$$G + U + e/i = g \text{ (sonido suave)}$$
$$G + a/o/u = g \text{ (sonido suave)}$$

EJERCICIOS PRACTICOS

Guevara	guirnalda	gata
Guinea	guisante	agua
guerra	guitarra	aguardiente
guía	guisar	gorra
guerrero	garbanzo	gobernar
guiar	gorila	guapo
guinda	galante	guardar
guindilla	gozo	guadaña

Pero si la *u* lleva diéresis (··) encima, entonces se ha de pronunciar:

vergüenza, cigüeña, halagüeño.

Nótese igualmente que cuando la «g» va seguida de una consonante entonces tiene el valor de «j»:

dogma	digno
resignación	signo
asignar	segmento
consignar	sintagma

Nota

1) Pronunciación de «b» y «v»: equivalen ambas a [b]. Su distinción es más bien una pedantería.

2) Pérdida de «d» en terminaciones («-*ado*» y final de palabra): suele debilitarse e incluso en ocasiones se pierde casi totalmente (usted, ciudad, caridad). En la terminación «-ado» frecuentemente la «d» se pierde totalmente.

LECTURAS VARIAS
PARA PRACTICA DE LA ARTICULACION
EN LA CADENA HABLADA

1

Los críticos, los lectores inocentes, los producers, todos querían falsear su obra, añadir promiscuidades a su vida, entrar en ella y superponer cosas banales, ridículas, ominosamente desorientadoras. En su vida, en la vida de un joven escritor que había querido ayudar a orientarse a los otros. Al parecer, todo era así en el mundo (en el desierto). Y él, que había creído que la literatura era la salvación, veía que sólo era una manera falsa de salir de un desierto verdadero.

Yo leí el libro en casa de Mu-mú, quien lo tenía en su biblioteca, aunque no lo había leído. «Si va una a leerlo todo...», decía.

La primera vez que pensó Ralph en matarse sospechó que los otros podrían y llegarían a falsear también su muerte. Aunque esto último le tenía sin cuidado. Podían decir lo que quisieran. El había renunciado. El camino de ese renunciamiento se lo abrió, limpió e hizo expedito y transitable su falso éxito de autor. Falso como todos los éxitos. Para que un éxito fuera cierto debía representar la salida del desierto. Y sólo había una salida. Y él sabía cuál.

Pero aunque el éxito hubiera sido cierto, ¿a dónde le conduciría? Aunque el mundo fuera lo que el niño inocente espera y el adolescente sueña, ¿a dónde lleva? ¿Qué hay fuera del desierto? Un día se acabará la humanidad. Todo lo que ha nacido ha de morir y todo lo que vemos ha nacido. ¿Qué serán *Hamlet,* el *Quijote, Fausto* para las hormigas, las cucarachas o los elefantes que nos sucedan en el dominio del planeta? Serán sólo materia transformable en algo útil: comida, tal vez, si alguno de esos bichos gusta de la celulosa y la tinta de imprenta.

Pero también esos bichos serán destruidos a su vez, y lo será también la Tierra entera que gira aún sobre su eje y se traslada por el camino de una órbita fija alrededor del Sol. No quedará el menor recuerdo de nada de lo que ahora nos parece permanente y eterno. Sólo hay cosa eterna, al parecer: el deseo de eternidad de todo lo que existe. No quedará el menor recuerdo de nada de lo que ahora nos parece inmortal. El mismo sistema solar se desintegrará un día. Sólo parece ser eterna la nada.

(RAMÓN SENDER, *Nocturno de los 14.)*

2

—¿Usted qué piensa de las pagas extraordinarias?

—¡Hombre! ¿Qué voy a pensar? ¡A mí esto de las pagas extraordinarias es algo que me parece que está la mar de bien inventado!

—Sí, eso mismo pienso yo.

Jacinto Contreras, para celebrar lo de la paga extraordinaria—algo que no puede festejarse a diario—, se metió en un bar y se tomó un vermú. Jacinto Contreras hacía ya más de un mes que no se tomaba un vermú.

—¿Unas gambas a la plancha?

—No, gracias, déjelo usted.

A Jacinto Contreras le hubiera gustado tomarse unas gambas a la plancha, olerlas a ver si estaban frescas, pelarlas parsimoniosamente, cogerlas de la cola y ¡zas!, a la boca, masticarlas despacio, tragarlas entornando los ojos...

—¡No, no, déjelo!

El chico del mostrador se le volvió.

—¿Decía algo, caballero?

—No, no, nada...; muchas gracias... ¡Je, je!..., hablaba solo, ¿sabe usted?

—¡Ah, ya!

Jacinto Contreras sonrió.

—¿Qué le debo?

En la calle hacía frío y caía un aguanieve molesto y azotador. Por la Navidad suele hacer siempre frío, es la costumbre. Jacinto Contreras, en la calle, se encontró con su paisano Jenaro Viejo Totana, que trabajaba en la Fiscalía de Tasas. Jenaro Viejo Totana estaba muy contento porque había cobrado su paga extraordinaria.

—¡Hombre, qué casualidad! Yo también acabo de cobrarla.

Jenaro Viejo y Jacinto Contreras se metieron en un bar a celebrarlo.

(Camilo José Cela,
Jacinto Contreras recibe su paga extraordinaria.)

3

En el «mundillo de los rumores» de Pekín, limitado principalmentete a diplomáticos y periodistas extranjeros, se habla cada vez más de que, a la sombra de Mao Tse-Tung, se está desarrollando una lucha por el poder entre unas facciones calificadas respectivas de «derechistas» dentro del Partido Comunista chino.

Hay que subrayar ante todo que es muy difícil analizar las disputas ideológicas que se desarrollan al más alto nivel en Pekín; una cultura milenaria que se basa precisamente en ocultar los sentimientos personales, una historia política de largos siglos de intrigas, y una situación actual en un régimen totalitario que está obsesionado por el secreto, contribuyen a obstaculizar una fácil comprensión de la evolución política en China.

Esto pasa lógicamente con la mencionada «lucha» entre dos facciones rivales. En unos casos, la lucha es entre los partidarios del acomodo con los Estados Unidos contra los que o bien prefieren a Moscú (como oficialmente se dice de los que fueron condenados por traición, Lui Shao-Shi y Lin Piao), o bien se oponen, de todos modos, a un acomodo con Washington. Otras veces se habla de una lucha entre los «pragmáticos» que insisten en la necesidad de mantener una cierta estabilidad en la política estatal, tanto interna como externa, y los «revolucionarios» que están todavía más a la izquierda que los herederos de la Gran Revolución Cultural.

La Vanguardia (31 de octubre de 1973).

4

A LA ESPADAÑA DE PIEDRA SIN CAMPANA

¿Qué intimidades de la luz espera
el cielo que encastillas y que domas,
qué anunciación en alas, en aromas,
qué revelada faz alta y severa?

Despojada del bronce y la madera,
viuda del tiempo y de la voz, asomas
aire campanal, volteo de palomas
a la nostalgia de la primavera.

Coronas el silencio, ansia del muro,
colmo de piedra y ceguedad luciente,
yugo del alba y de la tarde airoso.

Y, consagrando el esplendor más puro,
custodia cenital, alzas la frente
con la del sol uncido y poderoso.

DIONISIO RIDRUEJO.

PARTE II

ENTONACION

IMPORTANCIA DE LA ENTONACION

El sentido o significado de una frase puede cambiar con una u otra determinada entonación.

Si decimos, por ejemplo, «Come deprisa», en tono afirmativo o aseverativo, nos referimos a alguien que suele comer deprisa, especificamos o decimos algo de alguien («que come deprisa»).

Si, por el contrario, utilizamos una entonación imperativa, decimos a alguien que coma deprisa y manifestamos esto como una orden («¡Come deprisa!», en el lenguaje escrito).

Además, es un hecho de sobra conocido en todos los idiomas que la entonación que caracteriza a la frase puede cambiar totalmente el significado de la misma, de acuerdo con ciertas convenciones socialmente aceptadas. Así, «¡Cierra la ventana!» puede significar precisamente que la ventana no ha de ser cerrada, es decir, exactamente lo contrario de lo que significan las palabras en el uso más generalizado de las mismas. En casos como el presente, una entonación particular y las circunstancias en que se dice la frase cambian su significado.

En general, todas las particularidades del lenguaje obedecen a convenciones o modelos aceptados y conocidos por todos. Pero es preciso tener en cuenta, sin embargo, que en el campo de la entonación no es posible delimitar modelos de manera absoluta: las variantes, incluso entre los mismos nativos, son muchas; las normas o convenciones de la entonación suelen restringirse a grupos que no necesariamente abarcan a todos los nativos, a situaciones determinadas, al énfasis particular que se quiere dar a cada frase o palabra, etc. Todo ello nos lleva a pensar que los modelos de entonación responden no tanto a aspectos sintácticos cuanto a situaciones y, dentro de ellas, a las características que el hablante quiere dar a las mismas.

Lo que sigue, en consecuencia, pretende ser exclusivamente un modelo generalizado y simplificado con fines prácticos. Dado que es imposible recoger aquí todos los patrones de entonación, nos referiremos solamente a aquellos que podrían asociarse a los de tipo universitario en España.

Nota. Además de representar gráficamente la entonación en módulos lineales, se utilizarán también, de vez en cuando, valores numéricos. Estos números equivalen a:

1 = tono muy bajo.
2 = aumento de un grado en el nivel de entonación.
3 = aumento de dos grados en el nivel de entonación.
4 = aumento de tres grados en el nivel de entonación.

(Los signos numéricos se anotan entre paréntesis.)

ENTONACION DE LAS PALABRAS

1. Palabras agudas

El acento principal recibe sobre sí el tono más alto e intensidad de la voz. Así, en las palabras agudas el tono de la voz recae sobre la última sílaba de la palabra:

Educación   Vencedor

EJERCICIOS

comedor	rogar	caminar
pantalón	radiador	vivir
azar	pintor	magnetofón
cascabel	comer	doctor

2. Palabras llanas

El tono e intensidad de la voz más alto recae sobre la penúltima sílaba:

Casa   Mañana

EJERCICIOS

prócer	ambiente	resultado
cárcel	habla	mentira
árbol	carro	mesa
hábil	biblioteca	propaganda
ángel	naranja	mantecado

3. Palabras esdrújulas

El tono e intensidad de la voz recae sobre la antepenúltima sílaba de la palabra:

Rápido   Conquístalo

EJERCICIOS

dijéramos	receptáculo	filosófico
metabólico	océano	científico
céntrico	magnético	cántaro
carnívoro	páramo	estrambótico

ENTONACION EN FRASES AFIRMATIVAS

En las frases afirmativas se distinguen dos grupos:

1. Frases que llevan el acento en la primera sílaba de la cadena hablada: el tono de la voz empieza ya alto desde el principio (2), se mantiene a ese nivel y al final de la frase desciende, marcando así el final de la misma:

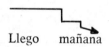

2. Frases que llevan el acento en la segunda o siguientes sílabas: el tono de la voz empieza más bajo (1) que el promedio de la frase. Coincidiendo con el acento principal, el tono sube y se mantiene así (2) hasta el final de la frase. Al final desciende incluso por debajo del tono inicial:

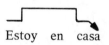

EJERCICIOS PRACTICOS (ambas modalidades)

1. Estoy en casa.
2. Llego mañana.
3. Tengo miedo.
4. Quiero salir.
5. Me llamo Pepe.
6. La mesa es alta.

7. Voy a la Universidad.
8. Acostumbro a escribir.
9. Trabajo en la oficina.
10. Conduce muy deprisa.
11. No puedo dormir.
12. La música me gusta.
13. Las gafas son útiles.
14. La máquina está rota.
15. No sabe cantar.
16. La mesa es grande.
17. El hombre es racional.
18. Falleció el viernes.
19. Cuento por los dedos.
20. La memoria no olvida.

ENTONACION EN FRASES CON PAUSAS INTERMEDIAS

Cuando hablamos, con frecuencia la frase es larga y necesitamos hacer una pausa. La primera parte de la frase, antes de la pausa, se comporta como las frases afirmativas de que hablamos anteriormente en lo que al comienzo se refiere. Al final de la primera pausa el tono sube ligeramente (2-3); en la segunda parte el tono se inicia más bajo (1), vuelve a ascender (2) y acaba según el modelo de las frases afirmativas.

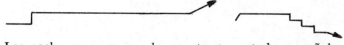

Los coches que ves por la carretera son todos españoles

Si la frase admite tres o más pausas, los modelos de entonación se repiten una y otra vez conforme al patrón anterior:

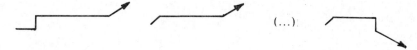

(...)

EJERCICIOS PRACTICOS

1. Cuando vengas a visitarme, te llevaré en coche.
2. Si deseas viajar en avión, vete a los Estados Unidos.
3. Si tu hermano me ayuda, acabaré pronto.
4. Los libros de cubierta fuerte, suelen ser más caros.
5. Esas montañas rocosas están nevadas todo el año.
6. Todas las ciudades grandes sufren problemas semejantes.
7. Aunque apruebes el inglés, no irás de vacaciones.
8. Las estrellas del Zodíaco no están a nuestro alcance.
9. Cuando hayáis hecho las camas, bajáis a desayunar.

10. Donde tú vayas, iremos todos.
11. Siempre que da consejos, surgen dificultades.
12. No por mucho madrugar, amanece más temprano.
13. Cuando estoy a tu lado, no me siento culpable.
14. La máquina que alquilaste, ya se rompió.
15. Aunque te empeñes, no lograrás hacer nada.
16. Las flores de ese jardín, ya necesitan agua.
17. Dondequiera que tú vayas, te seguiremos todos.
18. El regalo que trajeron está sobre la mesa.
19. Al entrar el profesor en clase, todos se pusieron de pie.
20. Mientras sigas rompiendo platos, no te daremos trabajo.

ENTONACION EN FRASES PARENTETICAS

Esta clase de frases se ajusta al modelo de las frases afirmativas con pausas, excepto el inciso que se inserta en ellas, el cual se pronuncia siempre en tono más bajo que el resto de la frase:

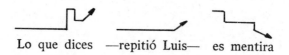

Lo que dices —repitió Luis— es mentira

EJERCICIOS PRACTICOS

1. Cuando vengas—dijo la madre—, te daré un regalo.
2. Si no te portas bien—amenazó el maestro—, te castigaré.
3. No podemos permitir—afirmaron todos—que nos superen en la ciencia.
4. Aquella palabra—victoria—sólo podía decirla un triunfador.
5. Si vienes al cine—le dije en voz baja—, te pagaré la entrada.
6. No te metas con él—intervino el comprador—, que no conseguirás nada.
7. Aunque lo repitas veinte veces—aseguró el profesor—no lo aprenderás.
8. Si no llevamos escaleras—exclamó sorprendido—, no podremos subir.
9. El muchacho—famoso ya en la región—llegará muy lejos.
10. Si no apagas el fuego—intervino solícita la madre—, se quemará la comida.
11. Si las cosas continúan así—exclamó encolerizado—, no adelantaremos nada.
12. Dime con quién andas—sentenció la vieja—y te diré quién eres.
13. A buen hambre—dijo el poeta—no hay pan duro.

14. Y hago este viaje—concluyó el explorador—para çonvenceros de vuestro error.
15. En tales condiciones—asintió ella—te llevaré de viaje.
16. La suerte del sabio—afirma el proverbio—no es halagüeña.
17. Si insistes en ello—repitió el maestro—, acabarás aprendiéndolo.
18. Las guerras modernas—afirmaba el general—son muy cruentas.
19. Trabajando con tesón—voceaba el jefe—batiremos el récord.
20. No todos los que lloran—aclaró el predicador—son dignos de compasión.

ENTONACION EN FRASES INTERROGATIVAS

Las frases interrogativas, al igual que las afirmativas, empiezan en tono bajo (1) siempre que el acento principal no recae en la primera sílaba; en caso contrario, el tono inicial es más alto (2):

¿Qué quieres?   ¿A dónde vas?

En lo que se refiere a la cadencia final se distinguen dos modelos de entonación:

a) El tono final de la frase desciende de manera similar a lo que ocurre en las frases afirmativas. Por regla general, implica que la situación es más bien informal:

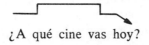

¿A qué cine vas hoy?

b) El tono final de la frase acaba en tono ascendente, subiendo ligeramente por encima de la entonación media (de intensidad 2 a 3):

¿Vienes conmigo?

EJERCICIOS PRACTICOS (modalidad *a*)

1. ¿A qué hora te acuestas?
2. ¿Con quién sueles estudiar?
3. ¿Cuándo vas a ver a tus padres?

4. ¿De qué te quejas?
5. ¿Cómo te encuentras?
6. ¿Dónde pongo el libro?
7. ¿A dónde se dirige usted?
8. ¿Qué hora tienes?
9. ¿Cuándo piensas estudiar?
10. ¿Por qué no me lo dijiste?

EJERCICIOS PRACTICOS (modalidad *b*)

1. ¿Seguro que viene mañana?
2. ¿De veras que Isabel está contigo?
3. ¿Puedo contar contigo?
4. ¿Sigue María yendo al cine cada día?
5. ¿Todavía tiene el coche?
6. ¿Acaso no te lo dije yo?
7. ¿Se quedan aquí esta noche?
8. ¿Viajarán en avión?
9. ¿Decías que te llamabas Andrés?
10. ¿Aún dudas de mi palabra?
11. ¿Conoces ya el funcionamiento de esta máquina?
12. ¿Marcharán mañana tus padres?
13. ¿Sigues jugando al fútbol?
14. ¿Terminaste ya la carrera?
15. ¿Piensas aprobar los exámenes?

ENTONACION EN FRASES INTERROGATIVAS
Y DISYUNTIVAS

En esta clase de frases el tono inicial de la voz sigue el patrón asignado a las frases afirmativas; antes de la disyuntiva el tono sube ligeramente y luego baja (1) coincidiendo con la conjunción disyuntiva. A continuación se eleva de nuevo (2) y acaba descendiendo un poco por debajo del nivel (1), señalando así el final de la oración:

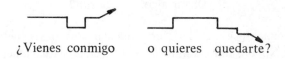

¿Vienes conmigo   o quieres   quedarte?

EJERCICIOS PRACTICOS

1. ¿Lo quieres o no lo quieres?
2. ¿Ries o lloras?
3. ¿Estás contento o estás triste?
4. ¿Es de León o de Burgos?
5. ¿Quieres que te lo lleve o quieres que te lo guarde?
6. ¿Subes en ascensor o subes a pie?
7. ¿Estudiarás en la Universidad o trabajarás en una fábrica?
8. ¿Escuchas la radio o pones la televisión?
9. ¿Viajaste en tren o viniste en coche?
10. ¿Te gusta la música o prefieres el cine?
11. ¿Subimos o esperamos?
12. ¿Lo haces tú o lo hago yo?
13. ¿Es suficiente o quieres que siga?
14. ¿Acudió a la cita o no llegaste a tiempo?
15. ¿Te casas o no te casas?

ENTONACION EN FRASES INTERROGATIVAS ESPECIALES

En este capítulo merecen atención especial las frases que acaban la pregunta con palabras como *señor, caballero, señorita* y similares. En estos casos la parte primera de la frase termina en tono descendente; luego se eleva de nuevo (intensidad 2) y acaba en tono ascendente:

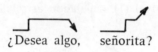

¿Desea algo,   señorita?

Frecuentemente el nivel de comunicación se desenvuelve a un nivel formal. No obstante, también se utiliza en situaciones informales o familiares.

EJERCICIOS PRACTICOS

1. ¿Compra usted algo, caballero?
2. ¿Cómo los prefiere, señora?
3. ¿Me permite ayudarle, señorita?
4. ¿Puedo preguntarle la hora, caballero?
5. ¿Hace el favor de sentarse, señorita?
6. ¿Cuántos kilos desea, señora?
7. ¿Quiere venir conmigo, señor Lucas?
8. ¿Es usted, señor director?
9. ¿Está servido, Excelencia?
10. ¿Puedo pasar, mi general?
11. ¿No has comido bastante, muchacho?
12. ¿Da usted su permiso, mi teniente?
13. ¿Están ustedes servidos, caballeros?
14. ¿Ya estás aquí de nuevo, chiquillo?
15. ¿Se le ofrece algo, señorita?

ENTONACION EN FRASES EXCLAMATIVAS

Las frases exclamativas siguen una línea de entonación semejante a la de las frases afirmativas. El tono se eleva en la primera sílaba que lleva el acento principal. La mayor intensidad de la voz es, sin embargo, el rasgo principal y más característico.

¡Magnífico!

¡Cuán desgraciado!

EJERCICIOS PRACTICOS

1. ¡Asombroso!
2. ¡Maravilloso!
3. ¡Magnífica sorpresa!
4. ¡Qué tremendo!
5. ¡Es arrollador!
6. ¡Qué suerte tiene!
7. ¡Cuán grandioso es el amor!
8. ¡Oh ingratitud de los hombres!
9. ¡Sensacional!
10. ¡Qué noche tan encantadora!
11. ¡Qué pena!
12. ¡Enhorabuena!
13. ¡Cuán grande es el mar!
14. ¡Qué ridículo!
15. ¡Qué espectáculo tan grandioso!

ENTONACION EN FRASES IMPERATIVAS

El módulo de entonación se asemeja al de las frases exclamativas. El tono más alto corresponde a la sílaba sobre la cual recae el acento principal. La intensidad es también en este caso una característica muy importante:

¡Escribe!

¡Ven conmigo!

EJERCICIOS PRACTICOS

1. ¡Quédate ahí!
2. ¡Trabaja!
3. ¡Come deprisa!
4. ¡Ponte derecho!
5. ¡Copia la lección!
6. ¡Espera un poco!
7. ¡Contesta!
8. ¡Corre conmigo!
9. ¡Cállate!
10. ¡Siéntate!
11. ¡Apaga la luz!
12. ¡No me mire!
13. ¡Rompan filas!
14. ¡Retírese!
15. ¡Fuego!

**TEXTOS DIVERSOS
PARA PRACTICA DE LA ENTONACION
EN LA CADENA HABLADA**

1

«La degradación ambiental es algo generalmente oculto y sombrío. Los casos espectaculares son proporcionalmente muy raros en comparación con los millones de muertes, envenenamientos, aniquilamientos, esterilizaciones, podredumbres, erosiones, que se realizan sin boqueadas ni pálpitos. La vida es esencialmente un proceso autónomo. Hasta cierto punto se pueden controlar negativamente los organismos, condicionándolos o confinándolos; pero se los destruye si se exagera la presión.

No puede haber mejor símbolo de esta muerte silenciosa que el cementerio que existe en el Zoo de Bronx, en Nueva York. En cada una de sus 225 lápidas está grabado el nombre de una especie animal que se ha extinguido en los tres últimos siglos, desde la tortuga gigante hasta el pato labrador. Se calcula que el hombre es el causante de por lo menos 170 de estos exterminios.

Está demostrado que cualquier cambio que el hombre introduzca con su tecnología, aun con las mejores intenciones, puede producir un colapso de todo el sistema ecológico. La presa de Asuán ha sido realizada primordialmente para lograr nuevas zonas regables y conseguir una producción de energía eléctrica suficiente para el consumo egipcio. Sin embargo, y sin que se hubiera previsto, está cambiando todo el milenario sistema de vida del valle del Nilo, al retener una gran parte del limo fertilizante de sus aguas. Ha producido, además, un caos aún más imprevisto en la industria pesquera de alta mar. La industria sardinera egipcia producía 18.000 toneladas anuales. Hoy esa industria ha quedado reducida a 500 toneladas.»

La Vanguardia (2 de noviembre de 1973).

2

«Con ocasión de los nuevos precios máximos fijados para el aceite de oliva envasado y a granel, la Comisaría de Abastecimientos y Transportes ha preparado un servicio especial de vigilancia de precios a nivel nacional, según se ha informado en círculos competentes.

Dicho servicio consistirá en un fuerte control sobre las ventas de aceite de oliva en mercados minoristas, con el fin de que los aceites de oliva no superen en esta fase los precios máximos marcados recientemente por el Ministerio de Comercio.

Como se sabe, el citado departamento ministerial hizo pública una orden hace unos días por la que fijaba en 62 pesetas el precio máximo del litro de aceite de oliva envasado y en 57 pesetas el litro de este aceite a granel, a partir del primero de noviembre.

Así mismo, durante la última semana, la C. A. T. ha procedido a la intervención y control de los *stocks* que se hallaban en poder de los fabricantes, almazareros, refinadores, envasadores y almacenistas, con el fin de que este mismo organismo sea el que distribuya los aceites a la fase minorista.

Por otra parte, las delegaciones provinciales de la Comisaría de Abastecimientos y Transportes está realizando actualmente un amplio servicio de inspección de los precios de venta al público de la carne fresca de vacuno con relación a las cotizaciones registradas en los mataderos.

Así mismo, se ha establecido un servicio de vigilancia sobre la adecuación de precios en origen y destino del ganado porcino y ovino.

Los inspectores de la C. A. T. han montado un servicio para comprobar el cumplimiento por parte de las carnicerías de la obligación de fijar los carteles de precios de venta al público de las carnes frescas de vacuno, ovino y porcino.»

La Vanguardia (20 de noviembre de 1973).

3

«Andrés no tuvo ocasión de impacientarse aquella noche, pues ya dije que Matilde no necesitó ni un minuto más de los sesenta para hallarse en condiciones y en posición de conciliar el sueño.

—¿Vas a seguir leyendo?—le preguntó ella cuando estuvo instalada junto a él en la gran cama de matrimonio.

Y él, que leía un periódico para matar esa hora de esperarla, apenas tuvo tiempo de contestar:

—No.

Porque cuando aún no había terminado de decirlo, Matilde ya había apagado la luz.

—Siempre me haces lo mismo—se oyó en la oscuridad la voz de Andrés, mezclada con fuerte ruido de papeles estrujados—. Apagas sin darme tiempo siquiera para dejar el periódico.

—Te pregunté si ibas a leer más, y me dijiste que no—razonó Matilde a su manera—. Si ahora has cambiado de opinión y quieres que vuelva a encender...

—Sólo quiero que no me dejes a oscuras envuelto en papeles como si fuera un paquete—rezongó su marido, terminando de zafarse a manotazos de las páginas que le envolvían—. Pero ya déjalo y duérmete. Hasta mañana, simpática.

Matilde no le contestó, sin duda para obedecerle y dormirse rápidamente, como él había ordenado. Andrés, en cambio, pese a que de buena gana se hubiera dormido también, tuvo que fastidiarse y mantener sus ojos abiertos en espera del momento propicio para cumplir la misión que Fernando le había encomendado.

—¡Maldita misioncita!...—murmuró.

—¿Decías algo?—le preguntó su mujer con voz adormilada.

—Nada, nada.

El silencio que reinó en el dormitorio fue roto unos minutos más tarde, cuando Andrés preguntó en voz baja a Matilde.

—¿Estás ya dormida?

—No—contestó ella secamente—. ¿Qué quieres?

—Nada.

—Entonces, ¿para qué me despiertas?

—No te he despertado, puesto que me has dicho que no dormías.

—¿Y cómo quieres que me duerma si tú me das conversación? —razonó Matilde a su manera.

—Tienes razón, perdona—dijo Andrés rehuyendo la polémica que podía desvelarla y retrasar la cita que él tenía con la pared del comedor.

Y optó por mantener los ojos abiertos, pero la boca cerrada.

Gracias a lo cual, al cabo de media hora escasa, no tuvo necesidad de hacer ninguna pregunta para averiguar el resultado de la lucha entre su esposa y el sueño: unos enérgicos y acompasados ronquidos le dieron la certeza de que Matilde dormía como un leño.

No obstante, para remachar esta certeza, Andrés la llamó a media voz:

—¡Estúpida!»

(ALVARO DE LA IGLESIA.)

4

CANCION DEL PIRATA

Con diez cañones por banda,
viento en popa a toda vela,
no corta el mar sino vuela
un velero bergantín.
Bajel pirata que llaman
por su bravura el temido
en todo el mar conocido
del uno al otro confín.

La luna en el mar riela
y en la lona gime el viento
y alza en blando movimiento
olas de plata y azul
y ve el capitán pirata
cantando alegre en la popa
Asia a un lado, al otro, Europa,
y allá, a su frente, Estambul.

«Navega, velero mío
sin temor
que ni enemigo navío
ni tormenta, ni bonanza
tu rumbo a torcer alcanza
ni a sujetar tu valor.

Veinte presas
hemos hecho
a despecho
del inglés
y han rendido
sus pendones
cien naciones
a mis pies.

Que es mi barco mi tesoro,
que es mi dios la libertad,
mi ley, la fuerza y el viento;
mi única patria, la mar.

Allá muevan feroz guerra
ciegos reyes
por un palmo más de tierra;
que yo tengo aquí por mío
cuanto abarca el mar bravío
a quien nadie impuso leyes.

Y no hay playa
sea cualquiera
ni bandera
de esplendor
que no sienta
mi derecho
y dé pecho
a mi valor.

Que es mi barco mi tesoro,
que es mi dios la libertad,
mi ley, la fuerza y el viento;
mi única patria, la mar.

(Espronceda.)

5

MARCHA TRIUNFAL

¡Ya viene el cortejo!
¡Ya viene el cortejo! Ya se oyen los claros clarines.
La espada se anuncia con vivo reflejo;
¡ya viene, oro y hierro, el cortejo de los paladines!

Ya pasa debajo los arcos ornados de blancas Minervas y Martes,
los arcos triunfales en donde las Famas erigen sus largas trompetas,
la gloria solemne de los estandartes
llevados por manos robustas de heroicos atletas.
Se escucha el ruido que forman las armas de los caballeros,
los frenos que mascan los fuertes caballos de guerra,
los cascos que hieren la tierra
y los timbaleros
que el paso acompasan con ritmos marciales.
¡Tal pasan los fieros guerreros
debajo los arcos triunfales!

Los claros clarines de pronto levantan sus sones,
su canto sonoro,
su cálido coro
que envuelve en un trueno de oro
la augusta soberbia de los pabellones.
El dice la lucha, la herida venganza,
las ásperas crines,
los rudos penachos, la pica, la lanza,
la sangre que riega de heroicos carmines
la tierra;
los negros mastines
que azuza la muerte, que rige la guerra.

(Rubén Darío.)

APENDICE

I

ACENTUACION

Cuando pronunciamos una palabra cargamos la intensidad de la voz sobre una de las sílabas de la palabra, haciendo así que esta sílaba sobresalga sobre las demás. Nótese, sin embargo, que en español la intensidad de ese acento no es tan fuerte como la que se observa en otras lenguas (en inglés y en alemán, por ejemplo). El acento de la voz va frecuentemente acompañado del acento *ortográfico* o acento escrito. Conviene explicar algunos términos antes de señalar las reglas de acentuación.

a) Palabras *agudas* son aquellas que llevan el acento en la última sílaba. Ej.: amor, canté, ladrón...

b) Palabras *llanas* son aquellas que llevan el acento en la segunda sílaba. Ej.: llano, perro, árbol.

c) Palabras *esdrújulas* son aquellas que llevan el acento en la sílaba tercera o antepenúltima. Ej.: árboles, teológico, cántaro.

Reglas de acentuación

Se ha de poner acento ortográfico:

1. En todas las palabras agudas de más de una sílaba que acaben en vocal, en *n* o en *s*:

cantó, paramés, sillón.

Palabras como atar, comer, fatal, etc., no llevan acento por no cumplir las condiciones de la regla.

2. Se acentúan todas las palabras llanas que no acaben en *n*, *s* o vocal:

cárcel, fácil, azúcar, etc.

No llevan, pues, acento «Pedro, tocaba, martes, Carmen», etc.

3. Llevan acento ortográfico todas las palabras esdrújulas o sobreesdrújulas (acento en la sílaba anterior a la antepenúltima): música, águila, fácilmente.

Casos especiales

Diptongos (véase pág. 19 del libro). Nunca se acentúan si son tales. El acento ortográfico destruye el diptongo (raíz, baúl, gradúo...) y si se pone es precisamente con esa finalidad.

Monosílabos. Por regla general no llevan nunca acento (fui, dio...). Solamente se pone acento para evitar confusiones cuando las mismas palabras pueden desempeñar funciones distintas en la frase.

Así, *tú, mí, él* (pronombres personales) para diferenciarlos de *tu, mi* (adjetivos posesivos) y *el* (artículo).

Dé (del verbo DAR) y *de* (preposición).

Más (cantidad) y *mas* (con significado de *pero*).

Sé (del verbo SABER o SER) y *se* (pronombre).
Té (nombre) y *te* (pronombre).

Sí (afirmación y pronombre) y *si* (condicional).

Este, ese, aquel, junto con sus femeninos y plurales, llevan acento cuando son pronombres y no lo llevan cuando son adjetivos (éste, este).

Que, cual, quien, cuan, cuanto, cuanta, como, cuando, donde llevan acento en frases exclamativas o interrogativas:

¡Qué feo!
¿Qué quieres?
¡Quién lo viera!

Solo lleva acento (sólo) cuando equivale a «solamente».

Palabras compuestas

En las palabras compuestas la primera palabra pierde el acento ortográfico:

$$\text{sábelo-todo} = \text{sabelotodo}$$
$$\text{décimo-séptimo} = \text{decimoséptimo.}$$

Se exceptúan los adverbios acabados en *mente*:

$$\text{cortés} + \text{mente} = \text{cortésmente}$$
$$\text{difícil} + \text{mente} = \text{difícilmente.}$$

Verbo más pronombre enclítico: Se conserva el acento:

$$\text{escuché-le} = \text{escuchéle}$$
$$\text{llevó-te} = \text{llevóte.}$$

Observaciones

1.ª El acento de la voz recae siempre sobre la sílaba que lleva el acento escrito, si éste existe.

2.ª Si la palabra no lleva acento gráfico y acaba en «n», «s» o vocal, entonces es llana. Ej.: perro, cojo, comes...

3.ª Si la palabra no tiene acento gráfico y acaba en consonante que no sea «n» o «s» entonces es aguda. Ej.: total, azar, vivir...

4.ª Algunas palabras cambian el acento tónico al tomar el plural:

$$\text{carácter} = \text{caracteres}$$
$$\text{régimen} = \text{regímenes.}$$

Otras palabras pierden el acento escrito al recibir la terminación del plural debido a que no se ajustan a la regla general.

Ej.: corazón = corazones; el plural no lleva acento escrito porque se trata de una palabra llana que acaba en «s».

Pero note que el acento destruye el diptongo y además que en algunos casos la pronunciación no es completamente clara respecto a la presencia del diptongo o la clara existencia de dos sílabas bien diferenciadas:

lea	teatro	veo
maíz	cruel	suave
viaje	traer	real
empeorar	teólogo	cohete
Israel	ahora	Bilbao
caen		

II

PALABRAS QUE CAMBIAN EL SENTIDO AL CAMBIAR EL ACENTO

1)

agudas	llanas	agudas	llanas
saltó	salto	giró	giro
cantó	canto	libró	libro
rió	río	maté	mate
llenó	lleno	oxidó	oxido
jugó	jugo	pactó	pacto
calló	callo	rebajé	rebaje
buscó	busco	sangré	sangre
terminó	termino	tardé	tarde
abandonó	abandono	vició	vicio
barrenó	barreno	cesar	César
caminó	camino	estás	éstas
descalzó	descalzo	andén	anden
estañó	estaño		

2)

agudas	llanas	esdrújulas
cantará	cantara	cántara
terminó	termino	término
apostrofé	apostrofe	apóstrofe
arbitró	arbitro	árbitro
cascará	cascara	cáscara
celebré	celebre	célebre
depositó	deposito	depósito
capituló	capitulo	capítulo
animó	animo	ánimo
limité	limite	límite
homologó	homologo	homólogo

agudas	*llanas*	*esdrújulas*
numeró	numero	número
diagnosticó	diagnostico	diagnóstico
oxidó	oxido	óxido
vomitó	vomito	vómito
legitimó	legitimo	legítimo
rotuló	rotulo	rótulo
ultimó	ultimo	último

EJERCICIOS

Ponga los acentos gráficos que se precisen.

Yo callaba, aun dispuesta a resistir la emigracion; pero nuestra madre, que pasaba ya de la sesentena, se opuso desde un principio. «¡A mi edad, cambiar de aguas!», dijo primero; mas luego dio a conocer claramente que ella no podria vivir fuera de la vista de su lago, de su montaña, y sobre todo de su don Manuel.

—¡Sois como las gatas, que os apegais a la casa!—repetia mi hermano.

Cuando se percato de todo el imperio que sobre el pueblo todo y en especial sobre nosotras, sobre mi madre y sobre mi, ejercia el santo varon evangelico, se irrito contra este. Le parecio un ejemplo de la oscura teocracia en que el suponia hundida a España. Y empezo a barbotar sin descanso todos los viejos lugares comunes anticlericales y hasta antirreligiosos y progresistas que habia traido renovados del Nuevo Mundo.

—En esta España de calzonazos—decia—los curas manejan a las mujeres y las mujeres a los hombres..., ¡y luego el campo!, ¡el campo!, este campo feudal...

Para el feudal era un termino pavoroso; feudal y medieval eran los dos calificativos que prodigaba cuando queria condenar algo.

Le desconcertaba el ningun efecto que sobre nosotras hacian sus diatribas y el casi ningun efecto que hacian en el pueblo, donde se le oia con respetuosa indiferencia. «A estos patanes no hay quien les conmueva.» Pero como era bueno por ser inteligente, pronto se dio cuenta de la clase de imperio que don Manuel ejercia sobre el pueblo, pronto se entero de la obra del cura de su aldea.

—¡No, no es como los otros—decia—, es un santo!

—Pero ¿tu sabes como son los curas?—le decia yo, y el:

—Me lo figuro.

Mas aun asi ni entraba en la iglesia ni dejaba de hacer alarde en todas partes de su incredulidad, aunque procurando siempre dejar a salvo a don Manuel. Y ya en el pueblo se fue formando, no se como, una expectiva, la de una especie de duelo entre mi hermano Lazaro y don Manuel, o mas bien se esperaba la conversion de aquel por este.

Nadie dudaba de que al cabo el parroco le llevaria a su parroquia. Lazaro, por su parte, ardia en deseos—me lo dijo luego—de oir a don Manuel, de verle y oirle en la iglesia, de acercarse a el y con el conversar, de conocer el secreto de aquel su imperio espiritual sobre las almas. Y se hacia de rogar para ello, hasta que al fin, por curiosidad —decia—fue a oirle.

(MIGUEL DE UNAMUNO, San Manuel Bueno, mártir.)

Ponga la puntuación adecuada.

un barco había encallado en las rocas Shanti Andía y sus amigos proyectaban una aventura ir hasta él y reconocerlo

decidimos esperar a que cesaran las lluvias tuvimos que aguardar todo el invierno las fantasías que edificamos sobre el *Estella Maris* no tenían fin lo pondríamos a flote llevaríamos a bordo el cañón enterrado en la cueva próxima al río y nos alejaríamos de Lúzaro disparando cañonazos un día de marzo sábado por la tarde de buen tiempo fijamos para el domingo siguiente nuestra expedición yo advertí por la noche a mi madre que íbamos los amigos a Elguea y que no volveríamos hasta la noche el domingo al amanecer me levanté de la cama me vestí y me dirigí de prisa hacia el pueblo Recalde y Zalayeta me esperaban en el muelle Zalayeta dijo que quizá fuera mejor dejar la expedición para otro día porque el cielo esta oscuro y la mar algo picada pero Recalde afirmó que aclararía ya decididos compramos queso pan y una botella de vino en el Guezurrechape del muelle bajamos al rincón de Cayerdi donde guardaba sus lanchas Shacu desatamos el *Cachalote* y nos lanzamos al mar llevábamos un ancla pequeña de cuatro uñas atada a una cuerda y un achicador consistente en una pala de madera para sacar agua iríamos dos remando y uno en el timón y nos reemplazaríamos para descansar salimos del puerto el horizonte se presentaba nublado con algunos agujeros en cuyo fondo brillaba el azul del cielo pasamos la barra en nuestro *Cachalote* que bailaba sobre las olas como un cetáceo jovial y comenzamos a doblar el Izarra a larga distancia de los arrecifes

yo me acordaba de las fantasías de Yurrumendi acerca de la sima que hay en aquel sitio del mar y me veía bajando al insondable abismo con una velocidad de veinticinco millas por minuto a pesar de las seguridades de Recalde el cielo no aclaraba por el contrario iba quedando más turbio más gris había pocas trincheras y lanchas de pesca fuera del puerto

(PÍO BAROJA, Aventuras de Shanti Andía.)

122

CLAVE DE EJERCICIOS

Yo callaba, aun dispuesta a resistir la emigración; pero nuestra madre, que pasaba ya de la sesentena, se opuso desde un principio. «¡A mi edad, cambiar de aguas!», dijo primero; mas luego dio a conocer claramente que ella no podría vivir fuera de la vista de su lago, de su montaña, y sobre todo de su don Manuel.

—¡Sois como las gatas, que os apegáis a la casa!—repetía mi hermano.

Cuando se percató de todo el imperio que sobre el pueblo todo y en especial sobre nosotras, sobre mi madre y sobre mí, ejercía el santo varón evangélico, se irritó contra éste. Le pareció un ejemplo de la oscura teocracia en que él suponía hundida a España. Y empezó a borbotar sin descanso todos los viejos lugares comunes anticlericales y hasta antirreligiosos y progresistas que había traído renovados del Nuevo Mundo.

—En esta España de calzonazos—decía—los curas manejan a las mujeres y las mujeres a los hombres..., ¡ y luego el campo!, ¡el campo!, este campo feudal...

Para él feudal era un término pavoroso; feudal y medieval eran los dos calificativos que prodigaba cuando quería condenar algo.

Le desconcertaba el ningún efecto que sobre nosotras hacían sus diatribas y el casi ningún efecto que hacían en el pueblo, donde se le oía con respetuosa indiferencia. «A estos patanes no hay quien les conmueva.» Pero como era bueno por ser inteligente, pronto se dio cuenta de la clase de imperio que don Manuel ejercía sobre el pueblo, pronto se enteró de la obra del cura de su aldea.

—¡No, no es como los otros—decía—, es un santo!

—Pero ¿tú sabes cómo son los otros curas?—le decía yo, y él:

—Me lo figuro.

Mas aun así ni entraba en la iglesia ni dejaba de hacer alarde en todas partes de su incredulidad, aunque procurando siempre dejar a salvo a don Manuel. Y ya en el pueblo se fue formando, no sé cómo, una expectativa, la de una especie de duelo entre mi hermano Lázaro y don Manuel, o más bien se esperaba la conversión de aquél por éste. Nadie dudaba de que al cabo el párroco le llevaría a su parroquia.

Lázaro, por su parte, ardía en deseos—me lo dijo luego—de ir a oír a don Manuel, de verle y oírle en la iglesia, de acercarse a él y con él conversar, de conocer el secreto de aquel su imperio espiritual sobre las almas. Y se hacía de rogar para ello, hasta que al fin, por curiosidad—decía—, fue a oírle.

(MIGUEL DE UNAMUNO, *San Manuel Bueno, mártir.*)

Un barco había encallado en las rocas. Shanti Andía y sus amigos proyectan una aventura. Ir hasta. él y reconocerlo...

Decidimos esperar a que cesaran las lluvias; tuvimos que aguardar todo el invierno. Las fantasías que edificamos sobre el «Stella Maris» no tenían fin: lo pondríamos a flote, llevaríamos a bordo el cañón enterrado en la cueva próxima al río y nos alejaríamos de Lúzaro disparando cañonazos.

Un día de marzo, sábado por la tarde, de buen tiempo, fijamos para el domingo siguiente nuestra expedición.

Yo advertí por la noche a mi madre que íbamos los amigos a Elguea y que no volveríamos hasta la noche.

El domingo al amanecer, me levanté de la cama, me vestí y me dirigí de prisa hacia el pueblo. Recalde y Zelayeta me esperaban en el muelle. Zelayeta dijo que quizá fuera mejor dejar la expedición para otro día, porque el cielo estaba oscuro y la mar algo picada; pero Recalde afirmó que aclararía.

Ya decididos, compramos queso, pan y una botella de vino en el Guezurrechape del muelle; bajamos al rincón de Cayerdi donde guardaba sus lanchas Shacu; desatamos el «Cachalote» y nos lanzamos al mar. Llevábamos un ancla pequeña de cuatro uñas, atada a una cuerda, y un achicador consistente en una pala de madera para sacar agua.

Iríamos dos remando y uno en el timón, y nos reemplazaríamos para descansar. Salimos del puerto; el horizonte se presentaba nublado, con algunos agujeros, en cuyo fondo brillaba el azul del cielo; pasamos la barra en nuestro «Cachalote» que bailaba sobre las olas como un cetáceo jovial y comenzamos a doblar el Izarra a larga distancia de los arrecifes.

Yo me acordaba de las fantasías de Yurrumendi, acerca de la sima que hay en aquel sitio del mar y me veía bajando al insondable abismo con una velocidad de veinticinco millas por minuto.

A pesar de las seguridades de Recalde el cielo no aclaraba; por el contrario, iba quedando más turbio, más gris, había pocas trincheras y lanchas de pesca fuera del puerto.

(PÍO BAROJA, *Aventuras de Shanti Andía.*)

124

INDICE

Parte II

ENTONACIÓN